Ingrid Moras

Wir basteln mit Wabenpapier

W0180825

CHRISTOPHORUS

BRUNNEN-REIHE

SEIT MEHR ALS 30 JAHREN STEHT DER NAME „CHRISTOPHORUS" FÜR KREATIVES UND KÜNSTLERISCHES GESTALTEN IN FREIZEIT UND BERUF. GENAUSO WIE DIESER BAND DER BRUNNEN-REIHE IST JEDES CHRISTOPHORUS-BUCH MIT VIEL SORGFALT ERARBEITET: DAMIT SIE SPASS UND ERFOLG BEIM GESTALTEN HABEN — UND FREUDE AN SCHÖNEN ERGEBNISSEN.

Styling und Fotos: Roland Krieg, Waldkirch
Zeichnungen: Ingrid Moras
Umschlaggestaltung: Network!, München
Produktion: Print Production, Umkirch
Druck: Freiburger Graphische Betriebe, 1998

CHRISTOPHORUS
Bücher mit Ideen

Inhalt

Die Autorin dankt der Firma Aurednik GmbH, die freundlicherweise das Material für dieses Buch zur Verfügung gestellt hat.

Basteln mit Wabenpapier

„Waben" sind für Kinder eigentlich nichts Neues. Denn jedes Kind weiß, daß Bienen in sechseckigen Waben ihre Futtervorräte anlegen. Auch das „Wabenpapier" dürfte allen Geburtstagskindern und Eisessern bekannt sein. Plastische Festdekorationen sind bei Kindern immer sehr beliebt. Mit dem neuen Wabenpapier ist es endlich möglich, solche dreidimensionalen Dekorationen selbst herzustellen! Wabenpapier ist neuerdings in verschiedenen Farbtönen erhältlich. Die Teile müssen nur noch ausgeschnitten, kombiniert und aufgeklebt werden, und schon entfalten sich die tollsten Dinge: Zum Beispiel lustige Tiere zum Spielen und tolle Ideen für den Kindergeburtstag. Ob fröhliche Kasper mit kugelrunden Bäuchen oder verspielte, bewegliche Würmchen . . . die Möglichkeiten dieses Material zu verwenden, scheinen unbegrenzt zu sein. Einige Beispiele möchte ich Ihnen in diesem Buch zeigen. Viel Spaß beim Basteln und Spielen!

Ingrid Moras

3

Das Material und die Technik

Das neue Wabenpapier

Wabenpapier wird aus 30 Lagen Seidenpapier hergestellt, die durch gerade Klebstofflinien miteinander verbunden sind. Für alle, die gerne wissen wollen, wie das Wabenpapier entsteht oder vielleicht einmal selbst Wabenpapier herstellen wollen, hier die genaue Beschreibung:

❶ Viele gleich große Blätter aus Seidenpapier ausschneiden. Ein Blatt auf die Arbeitsunterlage legen. Im Abstand von 2 cm gerade Klebstofflinien auftragen, die immer parallel zueinander verlaufen. Dazu einen kraftvollen Kleber verwenden. Ein Blatt Seidenpapier auflegen und andrücken.

❷ Die Klebelinien schimmern durch das dünne Papier. Jetzt genau zwischen diesen Linien die neuen Klebstofflinien auftragen. Das dritte Blatt Seidenpapier auflegen und andrücken.

❸ Diese beiden Arbeitsvorgänge im Wechsel wiederholen, bis alle Blätter aufgebraucht sind. Auf diese Weise entstehen die rautenförmigen Waben.

Das Übertragen der Vorlagen

Die für eine Bastelidee benötigten Teile vom Vorlagenbogen am besten mit einem weichen Bleistift auf Transparentpapier übertragen, dieses mit den Linien nach unten auf das Wabenpapier oder andere Papiere legen, die durchschimmernden Bleistiftlinien nachfahren und so auf das Papier übertragen, aus dem das Teil gearbeitet werden soll.

Das Entwerfen einer halbrunden Form

Bei Karten, Bildern oder Bastelarbeiten mit einer Grundform aus Karton muß das Wabenpapier um 180° aufgefächert werden. Deshalb genügt eine aus dem 30lagigen Wabenpapier ausgeschnittene Form, wenn diese eine Breite von 5-6 cm nicht überschreitet. Die meisten

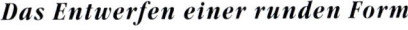

der in diesem
Buch gezeigten
Beispiele bewegen
sich in dieser Größen-
ordnung. Wenn die
Bastelarbeiten einen
Durchmesser von 12 cm überschreiten,
ist es nötig, zwei oder mehr aus Wabenpapier ausgeschnittene Teile aufeinander zu fixieren, damit das Wabenpapier
nicht zu weit aufgezogen werden muß
bzw. bei größeren Objekten ein Auffächern des Wabenpapiers um 180°
überhaupt erst möglich wird. Die
Motive, die aus Wabenpapier gearbeitet
werden sollen, sollten symmetrisch
sein. Das bedeutet: Wenn man das
Motiv halbiert, müssen beide Hälften
genau deckungsgleich sein.
Die Form, die aus Wabenpapier ausgeschnitten wird, entspricht somit genau
einer Hälfte eines Motivs. Sie wird
durch das Aufziehen der Waben und
Fixieren der
beiden Außen-
seiten des
Wabenpapiers
auf einem
Untergrund zum
vollständigen Motiv.

Das Entwerfen einer runden Form

Da bei einer kompletten Rundform das
Wabenpapier um 360° aufgefächert
werden muß, ist es nötig, die gleiche
Form zweimal aus Wabenpapier auszu-
schneiden. Ebensogut kann man ein
symmetrisch gezeichnetes Motiv voll-
ständig ausschneiden und anschließend
halbieren, um auf diese Weise die
beiden benötigten halben Formen zu
erhalten.
Die beiden ausgeschnittenen Formen
werden deckungsgleich aufeinandergeklebt, damit anschließend das Wabenpapier aufgefaltet und die beiden
Außenseiten aufeinander fixiert werden können. Auch hier gilt, daß bei
größeren Durchmessern drei oder mehr
Formen aufeinandergeklebt werden
müssen. Der Ballon der „Ballonkinder"
(s. Seite 12) zum Beispiel, besteht aus
drei zusammengeklebten Teilen.

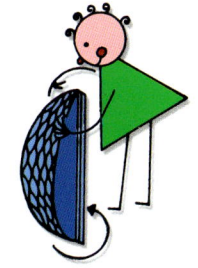

Das Ausschneiden des Wabenpapiers

Für das Ausschneiden des Wabenpapiers werden gute, d.h. scharfe Scheren benötigt, da die Ränder sonst fransig werden. Die dreißig Lagen des Wabenpapiers haben eine Höhe von ca. 2 mm, sind aber viel leichter zu schneiden als ein Karton in vergleichbarer Dicke. Ganz kleine Kinder werden trotzdem beim Schneiden etwas Mühe haben, darum sollten Erwachsene hilfreich zur Seite stehen.

Damit sich die Waben zur Sichtseite hin öffnen, müssen die Teile senkrecht zu den auf dem Wabenpapier sichtbaren Klebelinien ausgeschnitten werden. In der Vorlage ist die Richtung der Klebelinien durch einen kleinen Strich angedeutet. Die Vorlage sollte immer so auf das Wabenpapier gelegt werden, daß dieser Strich parallel zu den Klebelinien verläuft.

Das Aufkleben des Wabenpapiers

Da das aufgefächerte Wabenpapier etwas unter Spannung steht, ist es ratsam einen kraftvollen Kleber (z.B. Kraftkleber oder Kontaktkleber ohne Lösungsmittel) zu verwenden. Das Auffächern und Fixieren des Wabenpapiers ist für Kinder zunächst nicht ganz leicht. Es gibt aber einige Tricks, die das Aufkleben leicht machen und garantieren, daß die Waben beim Ankleben keinen Schaden nehmen: Zunächst eine Außenseite des Wabenpapiers auf den Untergrund kleben. Anschließend die andere Seite und die andere Hälfte des Untergrundes mit Kleber bestreichen. Dabei auch an der Mittellinie des Motivs satt Klebstoff auftragen, damit die dort zusammentreffenden 30 Lagen des Seidenpapiers ebenfalls mit dem Untergrund verbunden sind. Einige Lagen Seidenpapier zusammen anfassen und das Wabenpapier um 180° auffächern. Durch das

Zusammenfassen mehrerer Lagen beim Aufziehen reißt das Wabenpapier nicht ein. Außerdem ist es möglich, mit Hilfe dieser zusammengefaßten und deshalb stabilen Lagen die zweite Seite besser zur Mittellinie zu drücken. Mit einer Stricknadel oder einem anderen „Instrument" nacheinander in die einzelnen Waben hineinfahren und die Außenseite andrücken. Auch kleine Wäscheklammern können beim Zusammenkleben gute Dienste leisten. Sie halten Waben und Untergrund zusammen, bis der Klebstoff abgebunden hat. Erleichtert wird das Aufkleben außerdem, wenn man zunächst die beiden Außenseiten des Wabenpapiers mit einem dünnen Karton beklebt. Diese glatten Kartonflächen lassen sich dann problemlos auf dem Untergrund fixieren.

Das Herstellen von Grußkarten mit Wabenpapier

Wenn das Wabenpapier mit seiner Höhe von ca. 2 mm in eine Brief-Doppelkarte eingeklebt werden soll, muß die Karte einen schmalen Rücken von ca. 2 mm haben. Da es solche Karten nicht zu kaufen gibt, muß man auch hier einen kleinen Trick anwenden: Neben der Knicklinie in der Mitte im Abstand von 2 mm mit Hilfe einer Stricknadel eine weitere Linie vorprägen. Anschließend den schmalen Kartenrücken aufbiegen. Nun steht eine Hälfte der Karte an der Längsseite ein Stück über. Dieser Überstand muß bündig abgeschnitten werden.

Osterhasen

Hase am Trinkglas

❶ Die Grundform für den Hasen einmal
aus rehbraunem Künstlerkarton, den
Kopf und die Innenteile für die Ohren
zweimal aus beigefarbenem Künstlerkarton ausschneiden und auf beiden
Seiten des Hasen fixieren. Mund und
Barthaare mit einem schwarzen Filzstift

einzeichnen, Nase und Augen mit
schwarzem Decorlack auftupfen.

❷ Einen Halbkreis aus braunem
Wabenpapier ausschneiden, die eine
Seite auf dem Körper fixieren, das
Wabenpapier aufziehen und die zweite
Seite ganzflächig aufkleben.

8

❸ Für den Schwanz zwei ovale Formen aus beigefarbenem Karton ausschneiden, zusammenkleben und dabei am Ansatz zwei Lagen Wabenpapier, die an einer Klebelinie zusammentreffen, mit einfassen.

Klammerhase

❶ Die Grundform für den Hasen zweimal aus rehbraunem Künstlerkarton, die Innenteile für die Ohren aus beigefarbenem Karton ausschneiden und auf beiden Außenseiten fixieren. Die kleine Wäscheklammer mit Kraftkleber zwischen den geraden „Armen" fixieren und die Ohren, den Kopf, die Rückenkante und die Beine der beiden Teile für den Hasen aufeinander befestigen. Dabei je nach Belieben beigefarbene „Haare" am Kopf mit einfassen.
❷ Zwei Halbkreise aus weißem Wabenpapier ausschneiden und jeweils an den Außenseiten ganzflächig aufkleben, wie oben beschrieben.

❸ Mit schwarzem Filzstift und Decorlack das Gesicht aufmalen.

Eierbecher-Hase

❶ Einen 4 cm hohen Abschnitt einer Papprolle mit grüner Wellpappe verkleiden. Den Hasen zweimal aus rehbraunem Künstlerkarton ausschneiden und die beiden Teile bis auf die Beine aufeinanderkleben. Den Hasen auf beiden Seiten mit einem Kopf und Innenteilen für die Ohren aus beigefarbenen Karton bekleben und dabei ein rehbraunes „Haarbüschel" mit einfassen.

❷ Das Gesicht mit schwarzem Filzstift und Decorlack auf beiden Seiten aufmalen.

❸ Zwei Halbkreise aus braunem Wabenpapier ausschneiden und auf beiden Seiten des Körpers fixieren. Die Beine zur Seite aufbiegen, die „Arme" an der Rolle fixieren.

Material
◆ **Künstlerkarton in Rehbraun und Beige**
◆ **Wabenpapier in Braun und Weiß**
◆ **3-D-Wellpappe in Grün**
◆ **kleine Wäscheklammer aus Holz (45 mm lang)**
◆ **Papprolle von Toilettenpapier**
◆ **schwarzer Filzstift**
◆ **schwarzer Decorlack**

Hilfsmittel
◆ **Schere**
◆ **Klebestift**
◆ **Kraftkleber**

Vorlagen
A, B, C

Fröhliche Kasper

Material

◆ Wabenpapier in Rot und Blau
◆ Fotokarton in Rot, Hautfarbe und Blau
◆ Seidenpapier in Rot und Blau
◆ Biegeplüsch in Blau (6 mm ⌀, 30 cm lang)
◆ Graukarton
◆ Textilklebeband

❶ Für einen Kasper je einen Kreis von 6 cm Durchmesser aus rotem und aus blauem Wabenpapier ausschneiden. Die beiden Kreise senkrecht zu den Klebelinien halbieren.

❷ Ein Stück Graukarton (Rückseite eines Zeichenblocks) auf der einen Seite mit geknittertem rotem, auf der anderen mit geknittertem blauem Seidenpapier bekleben. Zwei Arme ausschneiden.

❸ Zwei 30 cm lange Stücke Biegeplüsch 9 cm (= Kopfbereich) von einem Ende entfernt ca. 7 cm weit (= Bauchbereich) miteinander verdrehen. Die beiden oberen Enden zusammen (= Bommel), die beiden unteren Enden getrennt voneinander zu einer Schnecke einrollen und die Füße biegen (s. Vorlage).

❹ Alle Teile verbinden: Mit einem kraftvollen Kleber jeweils den Arm mit der blauen Seite nach oben auf den roten Halbkreis aus Wabenpapier kleben. Anschließend den blauen Halbkreis deckungsgleich ganzflächig befestigen. Das eingedrehte Stück Biegeplüsch zwischen die Halbkreise schieben und die Halbkreise und den Biegeplüsch auf beiden Seiten mit je einem Streifen Textilklebeband über die ganze Länge des Bauches verbinden (s. Vorlage). Die beiden roten und die beiden blauen Halbkreise aufeinanderkleben.
Mit den Armen läßt sich nun ein blauer oder roter Bauch „herbeizaubern", je nachdem ob der Kasper die Arme vorne oder hinten zusammenlegt.

❺ Den Biegeplüsch oben zwischen zwei Kreise aus hautfarbenem Fotokarton einkleben. Nase und Mütze je zweimal aus rotem oder blauem Fotokarton ausschneiden und den Kopf mit einfassen. Je nach Belieben einige Stückchen blaues oder rotes Seiden-

papier aufeinanderkleben, fein ein-
schneiden und als Haare am oberen
Rand des Kopfes festkleben, bevor die
Mütze fixiert wird.

6 Aus geknittertem rotem Seidenpapier Kreise für die Wangen fertigen.

Auge und Mund auf beiden Seiten mit
einem schwarzen Filzstift einzeichnen.
Die Schuhe je zweifach aus rotem oder
blauem Fotokarton ausschneiden und
den Biegeplüsch zwischen beide Lagen
so einkleben, daß der „Bommel" über
der Fußspitze liegt.

Hilfsmittel
- ◆ schwarzer
  Filzstift
- ◆ **Schere**
- ◆ **Klebestift**
- ◆ **Kraftkleber**

Vorlage D

Ballonkinder

❶ Die Grundform für die Kinder je einmal aus Regenbogenkarton, die Hände und das Gesicht je zweifach aus chamoisfarbenem Fotokarton ausschneiden und auf beiden Seiten der Grundform mit Klebestift fixieren. Schuhe aus Regenbogenkarton fertigen und auf beiden Seiten aufkleben. Die Haare zweifach aus gelbem oder schwarzem Tonkarton ausschneiden, auf beiden Seiten auf dem Gesicht fixieren und die Überstände aufeinanderkleben. Den Mund mit schwarzem Filzstift einzeichnen, Augen und Nase mit schwarzem bzw. pinkfarbenem Decorlack auftupfen.

❷ Für jedes Kind eine ovale Form aus einem farbigen Wabenpapier ausschneiden und diese halbieren. Zwei ebenso große, ovale Formen aus einem beliebigen dünnen Karton ausschneiden, auf diesen die zwei Hälften des Wabenpapiers fixieren und jeweils als Bauch am Körper befestigen.

❸ An zwei kleinen, aus dünnem Karton ausgeschnittenen Rechtecken je einen Zwirn verknoten (s. Vorlage). Für einen Ballon drei Halbkreise aus gleich- oder verschiedenfarbigem Wabenpapier ausschneiden und deckungsgleich aufeinanderkleben. Oben und unten, an der geraden Seite entlang, die beiden Rechtecke aus Karton aufkleben, das Wabenpapier zu einem Ball auffächern und zusammenkleben. Einen Faden mit einer Nähnadel durch eine Hand des Kindes ziehen und verknoten, den anderen als Aufhängung verwenden.

❹ Die Ballonkinder entweder einzeln ans Fenster hängen oder zu einem Mobile zusammenbinden.

Tip: Wenn man kleine Fähnchen mit Namen und Geburtsdaten von Kindern an den Fäden befestigt, wird aus den Ballonkindern ein bunter Geburtstagskalender.

Material
- ◆ Wabenpapier in Rot, Gelb, Blau, Grün und Hellgrün
- ◆ Regenbogenkarton
- ◆ Fotokarton in Chamois, Gelb und Schwarz
- ◆ dünner Karton
- ◆ Zwirn
- ◆ pinkfarbener und schwarzer Decorlack
- ◆ schwarzer Filzstift

Hilfsmittel
- ◆ Schere
- ◆ Klebestift
- ◆ Kraftkleber
- ◆ Nähnadel

Vorlage E

Kinderfest mit Pinguinen

❶ Jeden Pinguin zweimal aus schwarzem Künstlerkarton, den Schnabel und die Füße jeweils einmal aus rotem Fotokarton ausschneiden. Für die Pinguine, die stehen sollen, die zusammenhängenden Füße ausschneiden und das Mittelteil so aufbiegen, daß nur die Fersen und der vordere Teil der Füße auf dem Tisch aufliegen. Die beiden aufstehenden Rechtecke aufeinanderkleben. Für alle Pinguine, die auf Tischkarten oder Einladungskarten geklebt werden, zwei einzelne Füße ausschneiden.

❷ Die beiden schwarzen Lagen des Pinguins aufeinanderkleben und dabei den Schnabel und das rechteckige Teil an den Füßen bzw. den Ansatz der Füße mit einfassen. Für die Augen auf jeder Seite des Pinguins einen etwas größeren Tupfen weißen Decorlack auftragen, trocknen lassen und mit schwarzem Decorlack eine etwas kleinere Pupille aufmalen.

❸ Den weißen Bauch einmal aus Wabenpapier in Form einer halben Birne ausschneiden. Der Strich in der Vorlage deutet den Verlauf der Klebe-

linien an. Das Wabenpapier mit dem schmalen Ende nach oben auf dem Pinguin fixieren: zunächst eine Seite mit Kraftkleber aufkleben, das Wabenpapier auffalten und die andere Seite fixieren.

❹ Bei einem Kinderfest kann man die Pinguine sehr vielseitig verwenden: Sie können auf dem Tisch verstreut oder auf einer Eisscholle stehen.
Für die Eisscholle blau-graues Naturfaserpapier auf einen beliebigen, ovalen Karton kleben und diesen am Rand wellenförmig einschneiden.

Tischkarte
Einen Pinguin mit „einfachen" Füßen in der linken oberen Ecke einer Tischkarte fixieren.

Glasschmuck
Für einen Glasschmuck aus einem Streifen silberner Wellpappe, der oben wellenförmig eingeschnitten ist, einen Ring um die Trinkgläser kleben und daran einen Pinguin befestigen. Je nach Belieben am Trinkhalm mit einem Nylonfaden einen Fisch aus blauem Fotokarton befestigen. Das

Mittelteil des Fisches auf beiden Seiten mit grau-blauem Naturfaserpapier bekleben, die Augen mit schwarzem Decorlack auftupfen.

Einladungskarte
Eine kleine Doppelkarte zuschneiden (z.B. 12 x 9 cm), in der Mitte mit einer Stricknadel zwei Linien im Abstand von zwei Millimetern vorprägen und die Karte falzen. Einen aus Naturfaserpapier ausgeschnittenen Pinguin mit Klebestift in die Mitte über den Falz kleben und dabei Füße und Schnabel mit einfassen. Den Pinguin mit einem Bauch aus Wabenpapier und einem Auge aus Decorlack vervollständigen.

Tip:
Mit diesen Pinguinen und einigen Teelichtern kann man auch einen Geburtstagskranz herstellen.

Pfiffige Karten

Material

Rabe:
- Doppelkarte in Weiß (DIN A6)
- Wabenpapier in Schwarz
- Seidenpapier in Schwarz
- Regenbogen-Buntpapier in Schwarz und Weiß

Elefant:
- Doppelkarte in Schwarz (DIN A6)
- Wabenpapier in Hellblau
- Naturfaserpapier in Hellblau
- Japanpapier in Dunkelviolett
- Rebornkarton in Blau
- schwarzer Decorlack

Die Karten

Da das Wabenpapier mit seinen 30 Lagen ca. 2 mm stark ist, muß die Karte entsprechend vorbereitet werden: Bei einer Doppelkarte in der Mitte mit einer Stricknadel eine weitere Knicklinie im Abstand von 2 mm zur schon bestehenden vorprägen. Die Karte so knicken, daß ein schmaler Rücken entsteht. Den Überstand der einen Kartenhälfte bündig abschneiden.

Rabe

Schwarzes Seidenpapier knittern und wieder glattstreichen. Flügel, Flügelfedern und den Kopf ausschneiden und mit Klebestift auf der weißen Karte fixieren. Schnabel und Füße aus Regenbogen-Buntpapier ausschneiden und aufkleben. Aus weißem bzw. schwarzem Papier Kreise für das Auge fertigen. Einen Halbkreis aus schwarzem Wabenpapier schneiden. Eine Seite an einer Knicklinie entlang aufkleben, anschließend die andere Seite mit Klebstoff bestreichen und die Karte vorsichtig zuklappen.

Elefant

Kopf, Haarbüschel, Schwanz und vier Beine aus hellblauem Naturfaserpapier ausschneiden und auf der Karte fixieren (s. Vorlage). Mit schwarzem Decorlack Augen auftupfen. Aus violettfarbenem Japanpapier einige „Steine" fertigen. Einen Halbkreis als Körper und zwei unterschiedlich große Kreise für den Rüssel aus hellblauem Wabenpapier ausschneiden. Für den Rüssel außerdem zwei große und einen kleinen Kreis aus blauem Rebornkarton fertigen. Den Körper fixieren, wie beim Raben beschrieben. Den Rüssel zusammenkleben: einen großen Kreis aus Rebornkarton am Kopf fixieren, den großen Kreis Wabenpapier deckungsgleich so aufkleben, daß die Klebelinien von links nach rechts laufen. Einen großen Kreis Rebornkarton befestigen, in der Mitte den kleinen Kreis Wabenpapier aufkleben und diesen mit dem kleinen Kreis aus Rebornkarton abschließen.

Igel

Eine Rundbogenkarte aus grünem Rebornkarton fertigen. Kopf und Füße des Igels aus hellbraunem Naturfaserpapier, Blätter aus grünem und ockerfarbenem Japanpapier ausschneiden und alle Teile fixieren. Augen, Nase und Mund mit schwarzem Decorlack aufmalen. Aus einem Rest braunem Wabenpapier einen Kreis für die Wange ausschneiden. Für den Körper einen Halbkreis aus braunem Wabenpapier fertigen und diesen in der Mitte der Karte einkleben.

Igel:

- Rebornkarton in Grün
- Wabenpapier in Braun
- Naturfaserpapier in Hellbraun
- Japanpapier in Grün und Ocker
- schwarzer Decorlack

Hilfsmittel

- Schere
- Stricknadel
- Klebestift
- Kraftkleber

Vorlagen
G, H, I

18

Blauer Vogel

❶ Den Kreis für den Körper zweimal, den Kopf mit Hals und den Schwanz jeweils einmal aus blauem Rebornkarton ausschneiden. Einen Kreis und die beweglichen Teile (= Kopf und Schwanz) an den in der Vorlage mit einem Kreis gekennzeichneten Stellen durchbohren.

❷ Diese Teile mit zwei Musterbeutelklammern so verbinden, daß die Laschen nach außen zeigen. Die umgebogenen Laschen möglichst flachdrücken und mit einem Stück Klebeband bedecken. Die beweglichen Teile zusätzlich an den in der Vorlage mit einem Punkt gekennzeichneten Stellen durchstechen, einen Zwirn als Ziehfaden befestigen und an dessen Ende eine große Perle verknoten.

❸ Am oberen Rand des Körpers einen ca. 0,5 cm hohen „Abstandhalter" (= Kartonstück) fixieren und dabei einen Zwirn als Aufhängung mit einkleben. Den zweiten Kreis auf dem Abstandhalter festkleben.

❹ Eine blaue und türkisfarbene Marabufeder auf dem Schwanz befestigen. Die abstehenden Federn am Kopf mit einem blauen Farbstift bemalen und die Augen mit weißem und schwarzem Decorlack auftupfen. Den Schnabel zweimal aus rotem Fotokarton ausschneiden, jeweils die Außenseite mit Regenbogenpapier verkleiden, beide Lagen aufeinanderkleben und am Kopf befestigen. Ein Stück roten Karton beidseitig mit Regenbogen-Buntpapier bekleben, die Füße ausschneiden und diese an der Innenseite der Kreise festkleben.

❺ Einen Kreis mit dem Durchmesser des Körpers aus blauem Wabenpapier ausschneiden und senkrecht zu den Klebelinien halbieren. Je einen Halbkreis für eine Seite des Körpers verwenden: Die Flächen der Halbkreise ganz mit Rebornkarton bekleben. Mit einem kraftvollen Kleber eine Seite des Halbkreises auf den Körper kleben, das Wabenpapier aufziehen und die zweite Seite ganzflächig auf dem Körper fixieren.

Material
◆ Rebornkarton in Blau
◆ Wabenpapier in Blau
◆ Fotokarton in Rot
◆ Regenbogen-Buntpapier in Orange-Violett
◆ Marabufedern in Türkis und Blau
◆ weißer und schwarzer Decorlack
◆ blauer Zwirn
◆ große, blaue Perle
◆ 2 Musterbeutelklammern
◆ blauer Farbstift

Hilfsmittel
◆ Schere
◆ Klebestift
◆ Kraftkleber
◆ Klebeband

Vorlage K

Material
- ◆ **Wabenpapier in Rot und Gelb oder Grün und Hellgrün oder Blau und Hellblau**
- ◆ **Rebornkarton in Rot, Grün oder Blau**
- ◆ **Marabufedern in Rot, Grün oder Blau**
- ◆ **Filz in Gelb, Schwarz oder Rot**
- ◆ **Holzkugeln (40 mm ⌀)**
- ◆ **schwarzer Decorlack**
- ◆ **einige 1-Pfennig-stücke**
- ◆ **Nylonfaden (0,3 mm ⌀)**

Hilfsmittel
- ◆ **Schere**
- ◆ **Heißkleber**
- ◆ **Kraftkleber**
- ◆ **Nähnadel**

Vorlage L

Springvögel

❶ Für jeden Vogel fünf Kreise (je 5 cm ⌀) aus Rebornkarton ausschneiden, passend zur Farbe des Vogels. Aus Wabenpapier zwei Kreise mit dem gleichen Durchmesser schneiden (Farbangaben siehe Randspalte!). Den Schnabel und die Füße aus gelbem, rotem oder schwarzem Filz schneiden.

❷ Jeden Vogel von unten nach oben aufbauen: In die Mitte eines Kartonkreises ein 1-Pfennigstück und am Rand die Füße am Ansatz festkleben. Einen Kartonkreis deckungsgleich fixieren. Einen Kreis aus Wabenpapier so befestigen, daß die Klebelinien von hinten nach vorne zu den Füßen verlaufen, und einen Kartonkreis aufkleben. Diese beiden Arbeitsschritte einmal wiederholen. Auf dem obersten Kartonkreis am besten mit Heißkleber zwei Marabufedern am Ansatz so festkleben, daß sie seitlich abstehen.

❸ Durch zwei Löcher im Abstand von 1 cm in der Mitte des fünften Kartonkreises einen Nylonfaden ziehen, das kurze Ende mit dem langen verknoten und den Überstand abschneiden. Anschließend diesen letzten Kartonkreis mit Heißkleber fixieren. Die Holzkugel auf den Faden schieben und auf dem obersten Kartonkreis aufstehen lassen. Von oben her Heißkleber in die Bohrung tropfen lassen und kleine Marabufedern hineinstecken, solange der Kleber noch flüssig ist.

❹ Den Schnabel zunächst an der kleinen, seitlichen Lasche zusammenkleben, am Ansatz innen mit Klebestift bestreichen und in ovaler Form auf die Holzkugel kleben. Augen mit schwarzem Decorlack auftupfen.

Bunte Würmchen

Material
◆ Wabenpapier
  in Blau, Grün,
  Hellgrün, Gelb
  und Rot
◆ Rebornkarton
  in Blau
◆ Holzkugel mit
  Bohrung
  (45 mm ⌀)
◆ Rundstab
  (30 cm lang)
◆ rote oder blaue
  Perle
◆ Marabufedern
  in Orange, Rot,
  Hellblau und
  Blau
◆ schwarzer,
  permanenter
  Filzstift
◆ schwarzer
  Decorlack
◆ Nylonschnur
  (0,3 mm ⌀)

Hilfsmittel
◆ Schere
◆ Nähnadel
◆ Kraftkleber
◆ Heißkleber

Vorlage M

❶ Für jedes Würmchen 5 Kreise mit 5 cm Durchmesser aus blauem Reborn-karton ausschneiden. 4 Kreise und 1 Halbkreis mit dem gleichen Durch-messer aus verschiedenfarbigem Wabenpapier ausschneiden. Der Halb-kreis wird für den runden Abschluß des Würmchens benötigt.

❷ Den Körper des Würmchens von vorne nach hinten zusammenfügen: Auf einen Kartonkreis deckungsgleich einen Kreis aus Wabenpapier (blau oder grün) kleben und auf diesem wieder einen Kartonkreis fixieren. Dreimal im Wechsel einen Wabenpa-pierkreis (grün, hellgrün, gelb oder blau, rot, gelb) und einen Kartonkreis aufkleben und dabei darauf achten, daß die Klebelinien des Wabenpapiers immer in die gleiche Richtung (von oben nach unten) verlaufen. Auf dem letzten Kartonkreis eine Seite des Halbkreises (blau oder rot, Klebe-linien s. Vorlage) aus Wabenpapier befestigen, das Wabenpapier aufziehen und die andere Seite des Halbkreises fixieren.

❸ Am oberen Rand des letzten Karton-kreises einen Nylonfaden verknoten. Am oberen Rand des ersten Karton-kreises einen Nylonfaden durch zwei Löcher nach vorne ziehen und so ver-knoten, daß ein Ende ca. 12 cm lang ist. Das kurze Ende durch die Bohrung der Holzkugel nach oben führen, das lange zur Kopfoberseite ziehen und mit dem kurzen Stück verknoten. Den Überstand des kurzen Endes abschnei-den. Den hinteren und vorderen Faden jeweils an den Enden eines 30 cm langen Rundstabes so verknoten, daß die Fäden etwa gleich lang sind.

❹ Am besten mit Heißkleber zwei Marabufedern (hellblau und blau oder rot und orange) am Kopf ankleben und eine Perle als Nase (blau oder rot) an der Bohrung der Holzkugel befestigen. Kreise aus Seidenpapier für die Wan-gen (blau oder rot) ausschneiden und mit einem Klebestift fixieren. Die Augen mit schwarzem Decorlack auf-tupfen.

Pferd

❶ Für den langen, bis zu einem Meter ausziehbaren Körper 8 Kreise aus rotem Rebornkarton und 6 Kreise in der gleichen Größe aus braunem Wabenpapier ausschneiden. Einen Kreis aus Wabenpapier senkrecht zu den Klebelinien halbieren, zwei Kreise aus Rebornkarton in der Mitte knicken und diese Teile beiseite legen. Alles andere so zusammenfügen, daß die Klebelinien des Wabenpapiers immer gleich verlaufen: Auf einen Kreis aus Rebornkarton einen Kreis Wabenpapier deckungsgleich aufkleben. Die Kreise aus Rebornkarton und Wabenpapier abwechselnd aufkleben. Mit einem Nagel und einem Hammer im Mittelpunkt der Kreise ein Loch durch die vielen Lagen schlagen und eine Nylonschnur hindurchziehen.

❷ Am unteren Rand der, von außen gesehen, jeweils zweiten Kreise aus Rebornkarton (die Waben sollen seitlich liegen!) im Abstand von ca. 3 cm je zwei Stücke Zwirn für die Beine in der Mitte verknoten. Bei jedem Bein auf beide Fadenenden fünf Perlen aufziehen, durch die sechste Perle nur einen Faden ziehen und diesen mit dem anderen verknoten.

❸ Ein Stück roten Rebornkarton auf einer Seite mit rehbraunem Künstlerkarton bekleben und den Kopf zweimal, einmal davon spiegelverkehrt, ausschneiden. Die halbkreisförmigen Laschen nach vorne biegen. Dabei die Knicklinie vorprägen, damit sie sauber wird. Die beiden Teile für die Haare und das Teil fürs Innenohr jeweils zweimal aus chamoisfarbenem Karton ausschneiden und jeweils auf der Außenseite des Kopfes fixieren. Nasenloch und Auge auf beiden Seiten mit Decorlack aufmalen. Zwischen beide Lagen am Kopf eine kleine Wäscheklammer einkleben. Die beiden halbkreisförmigen Laschen auf den Kreis aus Rebornkarton des Körpers kleben. Die beiden Lagen des Halses in der unteren Ecke so aufeinanderkleben, daß der Nylonfaden beweglich bleibt. Mit der Wäscheklammer kann der Kopf an der Schnur festgeklemmt werden, wenn das Pferd als Girlande aufgehängt werden soll.

❹ Zum Schluß das runde Hinterteil anfertigen: Je eine aufgebogene Hälfte der beiden Kreise aus Rebornkarton (siehe Punkt 1!) auf dem letzten Kreis aus Rebornkarton des Körpers befestigen. Die aufgebogenen Halbkreise so aufeinander fixieren, daß der Nylonfaden frei bleibt. Zwei Wollfäden bis zur Mitte durch den oberen Rand der Kreise ziehen und verknoten, ca. 4 cm weit einen Zopf flechten, dann den Nylonfaden mit einflechten und die Fäden zum Schluß verknoten. An beiden Enden einen Halbkreis aus Wabenpapier fixieren.

Fledermaus

❶ Schwarzes Seidenpapier knittern, wieder glattstreichen, mit Klebestift um die Papprolle kleben und die Überstände bündig abschneiden. Für die Füße und die Ohren vier Lagen geknittertes Seidenpapier aufeinanderkleben und die Teile ausschneiden. Die Füße an der Innenseite der Rolle befestigen, die Ohren bis auf die Laschen zusammenkleben und die aufgebogenen Laschen an der Holzkugel fixieren. Kleine ovale Formen aus dem Randbereich des braunen Wabenpapiers ausschneiden, fein einschneiden und überlappend als Brust und Inneres der Ohren aufkleben. Das Gesicht mit einem schwarzen Filzstift aufmalen.

❷ Die Flügel bestehen aus je einem langen und einem kurzen, spitz zulaufenden Teil aus Graukarton, die mit schwarzer Bastelfarbe bemalt werden. Für jeden Flügel einen langen und einen kurzen, an einer Seite abgerundeten Streifen aus braunem Wabenpapier ausschneiden. Dabei verlaufen die Klebelinien quer (s. Vorlage). Durch den langen Kartonstreifen jeweils einen Nylonfaden ziehen und verknoten (die Stelle ist in der Vorlage durch

zwei Punkte markiert!). Den langen Streifen Wabenpapier ganzflächig so auf den Kartonstreifen kleben, daß das gerade Ende bündig abschließt. Ebenso den kurzen Streifen Wabenpapier befestigen und zum Schluß den kurzen Kartonstreifen. Das gerade Ende der vier Lagen mit einem Streifen Textilklebeband umkleben.

❸ Je einen weiteren Streifen Textilklebeband zur Hälfte am geraden Ende des langen Kartonstreifens befestigen, die andere Hälfte jeweils an der Innenwand der Rolle, seitlich vom Brustfleck, ankleben. Den kurzen Kartonstreifen jeweils mit Heißkleber an der Außenseite der Rolle fixieren.

❹ Beide Enden eines reißfesten Fadens für die Aufhängung (Nylonschnur oder Zwirn) von oben nach unten durch die Bohrung im Kopf schieben und beide Enden unter dem Kopf mit einem Stück Textilklebeband befestigen. Am besten am Ende des Fadens zur Sicherheit jeweils einen Knoten legen.
Kopf und Körper verbinden: den Kopf vorsichtig in die Rolle hineindrücken, die Fledermaus auf den Kopf stellen

und von unten her Heißkleber auf die Stellen tropfen lassen, an denen der Kopf auf der Rolle aufliegt. Die Fledermaus dabei immer schräg halten, denn die Klebemasse darf nicht die Bohrung des Kopfes verkleben.

⑤ Die Enden der beiden Flügel-Ziehfäden mit Klebeband an einem Ende einer Stricknadel festkleben und so durch die Bohrung im Kopf und durch die Rolle nach unten ziehen. Die Ziehfäden mit einer Perle verknoten.

Weihnachtsmann und Tannenbaum

Die Karten
Eine weiße Doppelkarte als Schneehügel zurechtschneiden. Eine zweite
Karte auf beiden Seiten mit schwarzem
Japanpapier bekleben und daraus den
Tannenbaum ausschneiden. Sterne aus
goldfarbenem Hologrammpapier je
zweimal, einmal davon spiegelverkehrt,
ausschneiden, aufeinander fixieren und
am Kartenrand ankleben.

28

Der Nikolaus

Das Gesicht aus chamoisfarbenem Fotokarton ausschneiden, Wangen und Nase aus geknittertem, rotem Seidenpapier fertigen. Den Mund mit einem schwarzen Filzstift einzeichnen, das Auge mit Decorlack auftupfen. Die in der Vorlage gekennzeichnete Linie mit einer Stricknadel vorsichtig vorprägen und die Gesichtshälften aufbiegen. Das Gesicht auf der Karte plazieren und aufkleben. Teile einer weißen Marabufeder (oder Watte) am besten mit etwas Heißkleber als Haare und Bart fixieren. Für die Arme rotes Seidenpapier mit Klebestift zusammenkleben und knittern. Jeden Arm zweimal aus dem Papier ausschneiden, die Lagen zusammenkleben und dabei eine chamoisfarbene Hand mit einfassen. Die Schuhe aus weißem Fotokarton oder schwarzem Japanpapier fertigen.
Arme und Füße auf der Karte fixieren (s. Vorlage) und zum Schluß das Teil für die Mütze und das Teil für den Mantel aus rotem Wabenpapier ausschneiden und in den Falz der Karte einkleben.

Die „Feuerstelle"

Die Feuerstelle nach der Vorlage dreimal aus weißem Wabenpapier ausschneiden. Die drei Lagen aufeinander fixieren. Das Wabenpapier zu einem Ring auffächern und die beiden Außenseiten zusammenkleben. Diesen Ring aus Wabenpapier als Schneehügel um das Metallgehäuse eines Teelichtes legen.

Der Tannenbaum

Den Baum zweimal nach der Vorlage ausschneiden und die Teile aufeinanderkleben. Das Wabenpapier auffächern und die Außenseiten aufeinander fixieren. Einen Schaschlikspieß durch den Baum schieben und mit Heißkleber unten so einkleben, daß der Spieß unten bündig abschließt und oben ca. 1,5 cm übersteht. Als Spitze einen Stern aus Hologrammpapier befestigen. Dabei die Holzspitze zwischen die zwei Teile des Sternes einkleben.

- ◆ Hologrammfolie in Gold
- ◆ Seidenpapier in Rot
- ◆ Fotokarton in Chamois und Weiß
- ◆ Marabufedern in Weiß
- ◆ Schaschlikspieß
- ◆ schwarzer Decorlack
- ◆ schwarzer Filzstift

Hilfsmittel
- ◆ Schere
- ◆ Klebestift
- ◆ Kraftkleber
- ◆ Heißkleber
- ◆ Stricknadel

Vorlagen
P, Q, R, S

Schneemänner

❶ Den Schneemann zweimal aus blauem Reborn-karton ausschneiden. Den Hals jeweils an den Außenseiten mit Regenbogen-Bunt-papier verkleiden. Eine der beiden Grundformen mit einem spitzen Gegenstand an den in der Vorlage mit Kreisen gekennzeichneten Stellen durchbohren. Zwei kleine Rechtecke aus einem beliebigen Karton aus-schneiden, aufeinanderkleben und dabei einen Zwirn als Aufhängung mit einfassen. Die Rechtecke dienen als „Abstandhalter".

❷ Ein Stück Rebornkarton auf beiden Seiten mit Regenbogen-Buntpapier verkleiden und die beiden Teile für den Schal ausschneiden. An allen Enden des Schals jeweils drei Löcher bohren und je drei Wollfäden als Fransen einhängen. Am Ansatz je einen Nylonfaden als Ziehfaden ver-knoten und ein Loch für die Muster-beutelklammer bohren. Dieses muß ausreichend groß sein, damit sich der Schal ungehindert bewegen kann.

❸ Mit zwei Musterbeutelklammern die beiden Teile des Schals mit der einen Grundform für den Körper verbinden. Die Laschen so umbiegen und eventuell kürzen, daß der Schal in seiner Bewe-gung nicht behindert wird. Mit Hilfe des vorbereiteten Abstandhalters die beiden Grundformen zusammenfügen: Die Teile werden nur durch den Abstandhalter verbunden, damit sich der Schal bewegen kann. Die beiden Ziehfäden in Abständen miteinander verknoten und mit einer Perle ab-schließen.

❹ Auf ein Stück Karton rotes oder gelbes Regenbogen-Buntpapier kleben und daraus die Nase zweimal aus-schneiden, einmal davon spiegelver-kehrt. Beide Teile aufeinanderkleben und dabei am Ansatz den Kopf mit einfassen.

❺ Für jeden Schneemann einen kleinen und einen großen Kreis aus weißem Wabenpapier ausschneiden und senk-recht zu den Klebelinien halbieren. Je einen Halbkreis als Kopf und Bauch auf Vorder- und Rückseite des Schnee-manns fixieren. Für jedes Auge zwei

Material

- ◆ Wabenpapier in Weiß
- ◆ Rebornkarton in Blau
- ◆ Graukarton
- ◆ Regenbogen-Buntpapier
- ◆ weißes Papier
- ◆ Filz in Blau oder Rot
- ◆ Biegeplüsch in Blau
- ◆ 2 Musterbeutel-klammern
- ◆ Wollrest
- ◆ Zwirn
- ◆ Nylonfaden
- ◆ Perle
- ◆ schwarzer Decorlack

Kreise aus weißem Papier ausschneiden, diese zur Hälfte aneinanderkleben und die zweite Hälfte an einer Klebelinie des Wabenpapiers fixieren. Auf diese hervorstehenden Kreise mit schwarzem Decorlack auf beiden Seiten Augen auftupfen. Kleine schwarze Punkte für den Mund direkt auf das Wabenpapier tupfen.

⑥ Aus Filz den Hut schneiden und so zusammenkleben, daß oben eine Öffnung bleibt. Den Faden für die Aufhängung durch die Mitte der Vorderseite ziehen. Je nach Belieben ein Stück Biegeplüsch zu einer Schnecke formen und als Bommel in den Hut stecken.

Hilfsmittel

◆ **Schere**
◆ **Klebestift**
◆ **Kraftkleber**
◆ **Nähnadel**

Vorlage T

Neben dieser Auswahl aus der Brunnen-Reihe haben wir noch viele andere Bücher im Programm. Wir informieren Sie gerne - fordern Sie einfach unsere neuen Prospekte an:

- **Bücher für Ihre Kinder:** Basteln, Spielen und Lernen mit Kindern
- **Bücher für Ihre Hobbys:** Stoff und Seidenmalerei, Malen und Zeichnen, Keramik, Floristik
- **Bücher zum textilen Handarbeiten:** Sticken, Häkeln und Patchwork

Wir sind für Sie da, wenn Sie Fragen zu AutorInnen, Anleitungen oder Materialien haben. Und wir interessieren uns für Ihre eigenen Ideen und Anregungen. Faxen, schreiben Sie oder rufen Sie uns an. Wir hören gerne von Ihnen! Ihr Christophorus-Verlag

CHRISTOPHORUS
Bücher mit Ideen

Hermann-Herder-Str. 4 / 79104 Freiburg i. Breisgau

Tel: 0761/2717-268 oder Fax: 0761/2717-352